Dat wordt feest!

Annemarie Bon
met tekeningen van
Marie-José van der Linden

Zwijsen

LEESN!VEAU

	ME	ME	ME	ME	ME		
AVI	S	3	4	5	6	7	P
CLIB	S	3	4	5	6	7	8	P

vriendschap

Toegekend door Cito i.s.m. KPC Groep

De Nederlandse
Kinderjury
2013

1e druk 2012

ISBN 978.90.487.1042.3
NUR 286

© Uitgeverij Zwijsen B.V., Tilburg, 2012
Tekst: Annemarie Bon
Illustraties: Marie-José van der Linden
Vormgeving: Rob Galema

Voor België:
Uitgeverij Zwijsen.be, Antwerpen
D/2012/1919/73

Inhoud

1. Ik zeg: dat wordt feest!

'Waar blijft Agnes nou?' roept mama, terwijl ze de trap afstormt.

'Wat heb je nou aan zo'n oppas?

Het is bijna halfvier en ze zou hier om drie uur zijn!

Waarom heeft ze net nu haar mobiel uit staan?'

Als mama de kamer binnenkomt, brengt ze een wolk van parfum mee.

'Jullie kunnen gerust vast gaan, hoor,' zeg ik.

'Pleun en ik zijn geen kleuters meer.

We zijn elf jaar en kunnen best even alleen thuisblijven.

Dat doen we zo vaak als jullie boodschappen moeten doen.

Agnes zal vast zo wel komen.'

Papa bemoeit zich er nu ook mee.

'Merle heeft gelijk.

We moeten echt gaan.

Anders komen wij te laat.

We bellen straks wel of alles goed is.'

'Denken jullie dat dat verantwoord is?' vraagt mama.

'Ben ik dan geen ontzettend slechte moeder?'

Aan haar stem kun je horen dat ze al overgehaald is.

Ze heeft nog maar een klein zetje nodig ...

'Tuurlijk!' roepen papa, Pleun en ik in koor.

Ik geef eerst mama en dan papa een kus.

'Gaan jullie nou maar.

Wat kan er nu gebeuren?

Agnes komt heus wel!

Tot ze er is, zullen we de voordeur en de keukendeur op slot doen.

En morgenmiddag zijn jullie alweer thuis.

Geniet maar lekker van het feest.

Jullie hebben het verdiend.'

Papa grinnikt: 'Omdat we het waard zijn.'

Papa en mama hebben samen een eigen bedrijf in marketing.

Dat bedrijf heet *Pure Winst*.

Ze schrijven over wat er nieuw te koop is.

En ze bedenken van alles om mensen te verleiden om die dingen te kopen.

Dingen die mensen dus eigenlijk niet van plan waren te kopen.

Nu hebben ze de eerste prijs gewonnen voor het slimst inrichten van een supermarkt.

Groente en fruit moet je voorin leggen, zeggen papa en mama.

Dat geeft mensen een gezond gevoel.

En dan kopen ze verderop in de winkel sneller chips en snoep.

Melk moet je juist achter in de winkel zetten.

Want melk heb je elke dag nodig.

Zo lopen de klanten door de hele winkel heen.

En hoe langer iemand in een winkel is, hoe meer iemand koopt.

Leg goedkope dingen laag bij de grond en de

dure dingen voor het grijpen.
Zorg voor veel licht.
Dat vertellen papa en mama allemaal tegen
winkeliers.
Maar de eerste prijs krijgen ze vooral omdat ze
winkelparfums hebben bedacht.
Dat zijn luchtjes waardoor mensen vanzelf meer
gaan kopen.
Ze hebben wel tien verschillende geuren
uitgevonden.
Zoals de geur van versgebakken brood of koekjes
en de geur van koffie.
Voor elk soort winkel een eigen geur.
De prijsuitreiking is in Maastricht.
Daarna is er een groot feest.
Papa en mama blijven slapen in een hotel.

Mama kijkt nog een beetje weifelend om zich
heen.
Maar dan stapt ze toch bij papa in de auto.
Wij zwaaien.
Zij zwaaien.
Wij zwaaien.
Zij zwaaien net zolang tot ze om de hoek
verdwijnen.
En op dat moment klappen wij onze handen
tegen elkaar.
'Yes' roep ik.
'Alleen thuis!
Eindelijk!
Ik hoop zo dat Agnes het echt vergeten is.'

'Ik zeg: dat wordt feest!' roept Pleun.
'Dit is onze geluksdag!
Hoelang willen we dit al niet?
Een slaapfeestje zonder ouders ...
En nu gebeurt het zomaar vanzelf.'
'Juich niet te hard,' zeg ik.
'Agnes kan nog komen!'
We duimen: laat haar alsjeblieft wegblijven.
Wij willen het huis voor ons alleen!
Wij willen een 'verwen jezelf dag'.
En daar willen wij geen grote mensen bij.

2. Verslavend lekker: boterkoek!

Pleun en ik zijn al vriendinnen vanaf het
kinderdagverblijf.
We zijn totaal verschillend.
Maar misschien hebben we daarom juist zo'n lol.
We hoeven nooit aan elkaar te vragen wat we het
liefst doen.
Pleun is echt een meisje-meisje.
Ze houdt van roze en lekker tutten.
En stiekem speelt ze nog met barbies.
Zij wil graag naar ons badparadijs, de spa.
Daarna wil ze ons opmaken.
Ik ben meer een jongen-meisje.
Lekker buiten spelen en hutten bouwen, daar
hou ik van.
En ik ben verslaafd aan koekjes.
Dat kun je ook wel zien aan mij.
Kletskoppen vind ik het lekkerst.
Dat zijn die krokante, dunne koeken met
karamel en stukjes noot.
Daar heb ik ook mijn bijnaam aan te danken:
Kletskopje.
Nou ja, het komt ook een beetje doordat ik mijn
mond niet kan houden.
Maar goed, ik wil natuurlijk het liefst meteen de
keuken in.

'Zullen we eerst de spa doen?' oppert Pleun.
'En dan onszelf opmaken?'

Mijn ouders krijgen voor hun werk altijd dozen
vol gratis spullen.
Om uit te proberen.
Iedereen wil dat *Pure Winst* hen de beste vindt.
Pleun vindt al die opmaak-spulletjes het einde.

'Nee, eerst koekjes bakken,' zeg ik.
'En we maken ook broodjes en thee.
En dan smullen maar!'
Ik lik nu al mijn lippen erbij af.
'Ik wil zo graag eerst in het bubbelbad en de
sauna,' zeurt Pleun.
Ik geef zomaar niet op.
'Ja, maar als je koekjes gaat bakken, word je vies.
En bovendien moet de sauna eerst opwarmen.'
Ik zie Pleun aarzelen.
'Goed,' zegt ze dan.
'We bakken eerst iets lekkers.
Daarna gaan we in het bubbelbad en de sauna.
Dan gaan we lekker theedrinken en smikkelen.
En als we dat gedaan hebben, maken we ons
mooi.'
'Wat dacht je van daarna op de bank een mooie
film kijken?'
'Met de rest van de koekjes!' zegt Pleun.
Hier ben ik het helemaal mee eens.
'Strak plan!'

Mijn ouders hebben een enorme voorraadkast.
Dat moet ook wel, met al die gratis toegestuurde
spullen.

We lezen samen de verpakkingen:
Nieuw: muffins met bosbessen.
Maak zelf de enige echte kwarktaart.
Verslavend lekker: boterkoek!
Kaaskoekjes, de beste ter wereld.
'Boterkoek,' zeg ik.
'Muffins,' zegt Pleun.
'Boterkoek én muffins,' zeggen we tegelijk.
We pakken elk een doos en gaan naar de keuken.
Die keuken is een soort droom.
Van grote mensen dan.
Het nieuwste van het nieuwste hebben mijn
ouders.
Ze hebben alles gekregen ...

Onze keuken is hip en strak en leeg.
Maar laat Pleun en mij een uurtje los,
en je krijgt een zwijnenstal.
Ook nu weer.
De vloer glibbert van de boter.
Alles is bedekt met een wit laagje bloem of
poedersuiker.
Of een mengsel van bloem en suiker.
Ik doe het beslag in de vorm.
Daarna lik ik de kom uit.
'Jammie, ik weet niet wat ik lekkerder vind.
De koek als hij klaar en gaar is, of het beslag.'
'Maak er dan twee,' zegt Pleun.
'De een bak je en de ander niet.
Maar nu moet je stoppen met snoepen.
Anders lust je straks niks meer.'

We schuiven de muffins en de boterkoek in de oven.
Net op dat moment gaat de telefoon.
Ik ren ernaartoe en kijk naar het nummer.
Het is papa.
Ik neem op.
'Hoi, met Merle.'
'Hallo liefje, hoe is het daar?
Is Agnes er al?'
Nu moet ik jokken.
Dat moet ik doen voor onszelf.
Ik wil het feestje van Pleun en mij niet bederven.
Maar het jokken is ook voor papa en mama.
Als ze weten dat Agnes er niet is, komen ze
misschien wel naar huis.
Dan is hun feest ook bedorven.
Dat zou pas echt zielig zijn.
Ik ben blij dat papa niet ziet hoe rood ik word.
'Ja,' zeg ik tegen papa.
'Agnes kwam vlak nadat jullie weg waren.
Ze had zich een uur vergist.'
'Geef je haar even aan de lijn?' vraagt papa.
'Ze zit net op de wc,' zeg ik.
'O, sorry, ik moet weer terug naar de zaal,' zegt
papa.
'Geeft niks,' antwoord ik opgelucht.
'Ik zal Agnes wel de groetjes doen.
Tot morgen.'
'Dikke kus, Merle.'
'Fijn feest voor jullie twee,' zeg ik.
Dan hang ik op.

Pleun staat al aan mijn mouw te trekken.
'Nu wil ik echt in bad, hoor!'
Vanuit de keuken komt me al een lekkere geur
tegemoet van boterkoek en muffins.

3. Met de frisse geur van limoenen

Pleun stapt in het bubbelbad.
Wat doet ze nou?
'Niet doen!' roep ik nog.
Maar het is al te laat.
Pleun heeft een halve fles badschuim leeggegoten.
'Waarom niet?' vraagt ze.
'Met de frisse geur van limoenen.
Voor een fluweelzacht perzikhuidje.
Dat klinkt toch heerlijk?'
Ik zucht.
'Ik ruik welke geur het is.
Met dat badschuim is niks mis,
maar in een bubbelbad wordt het een ramp.
Even geduld en je ziet het zelf.'
Bij het eerste schuim roept Pleun: 'Vet!'
Als het schuim al snel daarna over de rand kruipt,
snapt Pleun wat ik bedoel.
Ik zet de bubbels uit en laat het bad leeglopen.
'Kom, we gaan eerst de sauna in.
Daarna is een bad nemen ook veel fijner.'

Het is de eerste keer dat Pleun in een sauna is.
'Zo, dat is heet,' zegt ze na een tijdje.
'Ik zweet me rot.
Wat zit daar in die emmer?'
Ik pak de houten lepel en laat Pleun eraan
ruiken.
'Dat is water met olie van lavendel.

Om heerlijk te ontspannen, staat er op de fles.
Je kunt het over die gloeiende stenen gieten.
Dan verdampt de olie en gaat het heerlijk ruiken.'
Ik heb het nog niet gezegd, of Pleun pakt de lepel
van me af.
Ze schept hem vol.
Meteen giet ze hem leeg over de stenen.
Er klinkt een enorm gesis.
Door de dichte walm zien we niets meer.
'Au!' roept Pleun.
'Ik dacht, hier koelt het wel van af!
Maar nu is het nog heter geworden.
En die geur prikt in mijn neus.'
'Jij moet gewoon niet overal aanzitten,' mopper
ik.
'Droge warmte voelt niet zo heet als vochtige.
Laten we eruit gaan.
Hup, afspoelen met koud water.'
Ik sleur haar mee uit de sauna naar de badkamer.
Pleun krijst de hele boel bij elkaar als ik de koude
straal op haar richt.
Het is maar goed dat ons huis vrijstaand is.
De buren hadden anders allang de politie gebeld
voor de herrie.
'Niet doen!' gilt Pleun.
'Jawel,' roep ik.
'Dat hoort zo!
Je moet eerst goed afkoelen.
Daarna mag je in een warm bad.'
Ik heb soms heel wat te stellen met Pleun.
Dat wil je niet weten ...

19

Het bubbelbad is weer vol.

Nu zonder schuim, maar wel met een geurtje.

Kokos met mango, alsof u in de tropen bent.

Als we allebei zitten, zet ik de bubbels weer aan.

Belletjes borrelen op en kietelen ons.

'Wat is dit heerlijk,' kwijlt Pleun.

'Nu nog zo'n drankje met een rietje en een kers.'

Ik sta op en heb al één voet uit het bad.

Maar meteen spring ik terug.

Het is net of het water me beschermt.

De bel!

Pleun en ik kijken elkaar aan.

Wat moeten we doen?

'Ik ga niet in mijn blote billen naar de deur,' zeg ik.

Pleun rolt met haar ogen.

'Je kunt toch een badjas aandoen.'

'En wat als het een enge man is?' vraag ik.

'En wat als het Agnes is?' vraagt Pleun.

'Kun je niet vanuit het raam zien wie het is?'

Ik schud nee.

'Ik durf niet te kijken.

Als het een enge man is, ziet hij me staan.

En dan weet hij dat wij hier zijn.'

Pleun zet de bubbels uit.

'Stil, ik hoor iets.

Misschien is het wel een inbreker.'

Ik luister.

We zijn muisstil, maar ik hoor niets.

Wel gaat mijn hart tekeer alsof er een drummer op roffelt.

'Ik hoor niks meer,' zegt Pleun.

'Zullen we maar uit bad gaan?' vraag ik.

'Het was vast iemand die geld kwam vragen voor een goed doel, of zo.'

Pleun knikt, maar niet heel erg overtuigd.

We voelen allebei hetzelfde.

Ons feestje is nu ietsje minder leuk.

4. Oogverblindend spul

We drogen ons af met grote badlakens.
Nu nog zachter met vernieuwde Soft.
We smeren ons in met olie.
We ruiken heerlijk naar jasmijn.
Uw huid net zo jong als die van uw dochter.
We slaan de badlakens om ons heen.
We fluisteren nog steeds.
'Ik neem een bezem mee naar beneden,' zeg ik.
'Je weet maar nooit.'
'En ik dan?' vraagt Pleun.
Ik gris een spuitbus van een schap.
'Haarlak werkt ook.
Oogverblindend spul!'
Stap voor stap en op onze hoede lopen we de trap
af.
Ik ga voorop met de bezem als een lans voor me uit.

In de hal is niets vreemds te zien.
'Durf jij door de brievenbus te kijken?' vraag ik
aan Pleun.
'Ik kijk wel uit!' sist ze.
'Steek die bezemsteel er maar door.'
Ik doe wat Pleun zegt en steek de steel door de
gleuf.
Ik zwiep hem van links naar rechts.
'Er staat echt niemand voor de deur,' zegt Pleun.
'Nu durf ik wel te kijken.'
Ze bukt en gluurt naar buiten.

'Er staat niemand.'
Heel zacht trek ik de klink naar beneden.
Ik open de deur op een kier en gluur naar buiten.
Er is niets te zien.
'Misschien zit er iemand in de bosjes,' zegt Pleun.
Ze heeft een griezeltoon in haar stem.
Meteen klap ik de deur weer dicht.
'Doe niet zo leuk, jij!
Ik krijg er de zenuwen van.'
Ik pak de sleutel van het rekje en draai de deur op
het nachtslot.
'Kom,' zeg ik tegen Pleun.
'We lopen het hele huis na.
Alle ramen en alle deuren moeten op slot.
Dan kan ons verder niets gebeuren.'

Ik voel me net een bewaker.
Pleun en ik morrelen aan alle ramen.
Zelfs het kleine klapraampje in de wc doen we
dicht.
'Dat is stom,' roept Pleun, als we op zolder zijn.
'De balkondeur is gewoon open.'
'Ja, maar dit is op zolder,' zeg ik.
'Een inbreker komt toch beneden door een deur
of raam.'
'Dat dacht je,' zegt Pleun.
'Jullie hebben hier een plat dak op de uitbouw.
Inbrekers kunnen zo overal naar binnen.
En ze hebben meteen een mooie vluchtweg.'
'Deze deur is van glas,' zeg ik.
'We kunnen hem wel op slot doen, maar één tik

24

en het glas is kapot.'
'En de boef is binnen,' vult Pleun aan.
Ze houdt de spuitbus haarlak voor zich.
'Maar met dit wapen overmeester ik hem zo.'
Ik schud mijn hoofd.
'We kunnen beter iets voor deze deur schuiven.
Dan kan er echt niemand binnenkomen.
En dan hoeven we ook niet te vechten.'

Op de overloop op zolder staat een grote eiken
ladekast.
We duwen ertegen.
We trekken en sjorren.
Maar de kast verschuift nog geen duimbreed.
'We moeten de laden eruit halen,' zeg ik.
'Dan is de kast niet zo zwaar.'
Zelfs één la blijkt al loodzwaar te zijn.
Toch lukt het ons ze er alle zes uit te tillen.
'Duwen maar!' roep ik.
En daar gaat de kast.
Het gaat héél traag, maar het gaat.
De kast schuift steeds een stukje op.
En na een kwartier staat hij eindelijk voor de
balkondeur.
We schuiven de laden weer in de kast.
'Dat ziet er goed uit,' zeg ik voldaan.
'Geen mens kan hier naar binnen,' zegt Pleun.
Ik lach en denk aan een klant van mijn ouders.
Uw veiligheid is ons belang.
'Tijd voor thee met lekkers,' roept Pleun.
'Ik heb honger als een paard.'

5. Dit moesten papa en mama eens weten!

Boterkoek en muffins zijn niet genoeg voor ons.
Het is al halfzeven.
Normaal zou Agnes nu met ons eten.
Pasta met pesto en salade.
Of pizza.
Of soep met stokbrood.
We zouden nu warm eten.
Pleun en ik niet ...
Wij gaan aan de thee, maar dan wel lekker
uitgebreid.
Met zoete en hartige hapjes, met fruit en met
snoep.
We smeren brood met roomkaas en zalm.
In schaaltjes doen we zoutjes.
De keukentafel dekken we met vrolijk zeil met
bloemen.
We zetten bontgekleurde bordjes en kopjes neer.
Pleun vouwt servetjes en ik steek de kaarsen aan.
We nemen ook soep, maar die maken we niet
zelf.
De soep komt uit een pakje.
We kunnen niet kiezen uit de vele smaken.
Daarom pakken we een zakje met onze ogen
dicht.
Ik heb kerrie.
Pleun heeft tomaat.
'*Soep zet jezelf weer op scherp,*' leest Pleun voor
van de verpakking.

Ik grijns.
'Ik stond al op scherp.'

Dan staat echt alles klaar voor de thee.
'Het kan zo in Girlz,' zeg ik.
'Voor meiden zoals wij,' zegt Pleun.
Ik spring van mijn stoel.
'Wacht!
Ik maak nog even een foto.'
Ik ren naar het kantoor van mijn ouders.
Uit de kast gris ik het toestel.
Ik maak een serie gave kiekjes.
Die zet ik straks op internet.
Ik zit net op mijn stoel, als ik weer ergens aan
denk.
Muziek!
Het duurt wel een kwartier voor we het samen
eens zijn.
Maar dan is het zover ...
We kijken elkaar aan en rennen naar de tafel.
Tegelijk roepen we: 'Aanvallen!'

'Hier kan niks tegenop,' zegt Pleun met haar
mond vol.
'Zo heb ik het me altijd voorgesteld.
Het is echt feest.'
Ik hap van mijn derde stuk boterkoek.
'Papa en mama moesten dit eens weten!'
'Hoe was dat spreekwoord ook alweer?' vraagt
Pleun.
'Als de kat op tafel danst?'

Ik trek denkrimpels.

'Het was iets met muizen, volgens mij.'

Pleun rilt.

'Iek, muizen!

Die vind ik zo eng.'

'Ja, maar daar is die kat voor,' zeg ik.

'Om die muizen weg te jagen.'

Zoetjesaan begin ik vol te raken van al het lekkers.

Er is nog net een gaatje voor een muffin en een handje kersen.

Maar daarna zak ik onderuit op mijn stoel.

'Ik kan niet meer,' zeg ik met een zucht.

Pleun knikt.

'Ik kan ook geen pap meer zeggen.'

'Pap zeggen, lukt me nog nét,' zeg ik.

'Pap.

Maar nu nog een bord pap eten?

Nee!'

Pleun sjort me omhoog.

'Kom, we gaan lekker op de bank hangen.

Heb je geen leuke film?'

'Ja,' roep ik.

'Ik heb een paar films die nog niet uit zijn.

Papa en mama moesten er een stuk over schrijven.'

'Dit feest wordt steeds leuker,' gilt Pleun.

'Ssst,' zeg ik.

'Straks horen de boeven ons nog.'

Pleun schrikt.

'Dat had je nou niet moeten zeggen!'
'Geintje,' zeg ik.
'Ik hou niet van die geintjes,' zegt Pleun.

We lopen naar de tv-kamer.
Als je bij ons film kijkt, is het net of je in de bios
bent.
Het geluid komt van alle kanten.
En we hebben een mega groot beeld.
'We kijken eerst even naar de kiekjes die ik
gemaakt heb.'
Ik sluit het fototoestel aan op de televisie.
Ook in beeld ziet alles er heerlijk uit.
Alleen krijg ik er echt geen trek meer van.
Ik zit zo vol, dat ik bijna misselijk ben.
Bij de laatste foto gilt Pleun weer.
'Terug!' roept ze.
'Laat die vorige nog eens zien.'
'Wat zei ik nou over gillen,' zeg ik.
Ik klik naar de vorige foto.
'Ja, en?
Wat is hiermee?'
'Daar op de grond,' wijst Pleun.
'Bij de linker tafelpoot.'
En dan zie ik het ook.
Ik gil nu even hard als Pleun.
'Een muis!
Een echte muis!'
Ik spring boven op de bank.
'Misschien is het wel een rat!'
Pleun springt naast me op de bank.

'Iek!
Nog enger.
Maar een rat is toch zwart?'
'Je hebt ook bruine,' zeg ik.
Pleun kijkt nog eens goed naar de foto.
'Maar deze is grijs, dus is het een muis.'
Ik denk na.
'Kunnen we hem niet naar buiten lokken?'
Pleun snuift.
'En dan zelf in handen van boeven vallen zeker?'
Dat had ze beter niet kunnen zeggen.
Ik word er niet geruster door.
'We moeten die muis vangen,' zeg ik dan.
'Misschien hebben we wel ergens een val.'
Pleun springt op en neer op de bank.
Het lijkt wel alsof we in de speeltuin zijn.
'Ga jij die dan in de keuken zetten?' zegt ze.
'En zoek jij dan een blokje kaas om erin te doen?'
Ik schud mijn hoofd.
Pleun heeft gelijk.
Op deze manier lukt het nooit.
'O, help,' gilt Pleun.
'Wat moeten we doen?'

Ineens weet ik het.
Ik stoot Pleun aan.
Ze valt bijna van de bank af.
'We gaan de keuken afsluiten.
We smeren alle kieren rond de deur dicht.'
'Waarmee dan?' vraagt Pleun.
'Met klei of stopverf of wat dan ook,' zeg ik.

'Kom, we gaan naar het kantoor.
Daar ligt vast wel iets wat we kunnen gebruiken.
Even flink zijn!'

6. Voor twaalf jaar en ouder

We kiezen voor breed plakband.
Daarmee dichten we alle kieren.
Ondertussen gillen we aan één stuk door.
'Iek!'
'Aah!'
'Een muis!'
Maar als we klaar zijn, kan er echt geen muis
meer door.
'Nu kunnen we alleen ook niks meer te eten of te
drinken pakken,' zeg ik.
Pleun haalt haar schouders op.
'Heb jij dan nog ergens trek in?'
Ik lach.
'Misschien een klein muizenhapje?'
Die grap levert me een stomp van Pleun op.
'Kom,' zegt ze.
'Nou, wil ik die film weleens zien.'

Uit de badkamer haal ik twee glazen water.
Dan maar een keer fris zonder prik.
Ik stop de dvd in de dvd-speler.
We nestelen ons op de bank tussen een stapel
kussens.
Onze benen leggen we op de salontafel.
Niet omdat we dat zo leuk vinden.
Nee, gewoon voor de zekerheid.
Stel dat die muis toch ontsnapt!
Ik zet de film aan.

'Hij is voor twaalf jaar en ouder,' zegt Pleun.
Ik rol met mijn ogen.
'Joh, wij zijn al elf, hoor.'
Pleun kijkt me strak aan.
'Als het maar geen enge film is.'
'Ssst, hij begint.'

Natuurlijk is het wel een enge film.
Hoe kan het ook anders?
Hij is niet voor niks voor twaalf jaar en ouder.
Het is een Japanse film over een meisje van
zestien.
Haar moeder is sinds een jaar dood.
Maar het meisje blijft verlangen naar haar
moeder.
Ze komt niet over haar verdriet heen.
Het liefst wil ze met haar moeder praten.
Dan begint ze boeken te lezen over magie en
geesten.
Die haalt ze bij een dame in de bieb.
En die dame lijkt wel een heks.
Thuis denkt ze vaak dat ze haar moeder hoort.
Ze zingt dan steeds heel eng:
'Mama, mama, ben je daar?'
Met heel lange uithalen.
Er gebeuren ook steeds meer rare dingen in haar
huis.
De wijzers van de klok draaien terug.
Ramen klapperen.
De wind giert rond het huis en het onweert.

Pleun en ik zijn op de bank steeds dichter tegen
elkaar aan gekropen.
We klemmen ieder een kussen vast.
Buiten is het al schemerig.
'Hoe laat is het?' vraagt Pleun.
Ik kijk op de klok.
'Acht uur.'
'Zal ik de film uitzetten?'
'Uit?'
Pleun knikt.
Ze ziet er witjes uit.
Haar lip bloedt, zo hard heeft ze erop gebeten.
'Ik vind hem echt veel te eng.'
'Ah, joh,' begin ik nog.
Ik ben nou eenmaal graag stoer.
'Doe niet zo flauw.
Het is maar een film.'
Maar ik zeg het tegen beter weten in.
Ook ik vind de film veel te naar.
'Zullen we er een nemen die om te lachen is?'
Pleun schudt van nee.
'Ik hoef geen film meer.
Zullen we naar jouw kamer gaan?
Dan gaan we ons lekker opmaken.'
'Goed,' zeg ik.
Ik druk op off.

Nu de tv uit is, valt het me op dat het in de
kamer nogal donker is.
Ik doe het licht aan.
'Doe de gordijnen ook maar dicht,' zegt Pleun.

'Zo kan iedereen ons zien.'

Pleun heeft gelijk.

Ik sjor aan de zware gordijnen.

Net zolang tot ze bijna dicht zijn.

Maar dan zie ik iets bewegen in de tuin.

Ik geef een gil.

Meteen begint Pleun mee te gillen.

'Wat is er?' roept ze.

'Ik weet het niet,' roep ik terug.

'Waarom gil je dan zo?' vraagt Pleun.

'Sorry,' zeg ik.

'Ik dacht dat ik iemand in de tuin zag.'

Ik dacht aan een geest, maar dat zeg ik niet.

'Laten we maar naar boven gaan.'

We lopen niet ...

Nee, we rennen de trap op.

7. Mama, mama, ben je daar?

Met een klap slaan we de deur van mijn kamer
dicht.
Pleun gaat er met haar rug tegenaan staan.
Ze doet alsof er aan de andere kant een leeuw
staat.
'We moeten iets voor de deur schuiven,' roept ze.
'Net als op zolder.'
Ik ben het met Pleun eens.
Samen schuiven we mijn kast voor de deur.
'Hij is niet zwaar genoeg,' zegt Pleun.
We sjorren mijn bed ook nog voor de kast.
'Nu kan er echt niemand in,' zeg ik.
'Ook niet door het raam?' vraagt Pleun.
Ik doe het raam open en kijk naar beneden.
'Alleen als ze met een brandweerwagen komen.
Kom, vergeet alles.
We hadden een feestje, weet je nog?
Tijd om te tutten.'
O, nee!
We snappen het tegelijk.
De opmaak-spulletjes staan nog op de badkamer.
We sjorren het bed en de kast weer opzij.
Met bonkend hart rennen we over de gang naar
de badkamer.
We pakken zo snel we kunnen wat we nodig
hebben.
En dan rennen we met een noodvaart terug naar
mijn slaapkamer.

In een wip staan de kast en het bed weer voor de deur.

Pleun wil er altijd zo uitzien als modellen in tijdschriften.
Met rode lippen, 24 uur lang.
Met lange wimpers, tegen weer en wind bestand.
Met een lenteblosje op haar wangen.
Maar deze keer heb ik een goed plan.
'Stel nou dat er toch iets gebeurt ...'
Pleun schiet meteen recht overeind.
'Wat dan?'
'Nou, een boef of ...'
'Hou op, jij!'
'Ssst,' zeg ik.
'Laat me nou eens uitpraten.
We gaan ons heel eng opmaken.
Dan schrikt een boef zich dood van ons.'
Pleuns mond zakt open.
Ik moet lachen.
'Als je zo kijkt, hoef je niet veel meer te doen aan je gezicht.'
Pleun gromt.
'Dat geluid werkt ook,' zeg ik.
Toch vindt Pleun het ook een goed plan.
Ondanks mijn geplaag.
Even later ziet ze eruit als een wit spook.
Ze heeft rode randjes rond haar ogen en zwarte lippen.
Ik heb mezelf stoppels en een bloedrood litteken gegeven.

In mijn haar maakt Pleun wilde vlechtjes.
Ik kan zo meedoen als zeerover in een film met
Johnny Depp.
'Voor één keer wassen we onszelf niet als we
straks gaan slapen,' zeg ik.
Pleun trekt een eng gezicht en maakt een
woehoe-geluid.
'Denk je dat we kúnnen slapen?'
'Waarom niet?'
Ik hoor zelf dat er een kleine bibber in mijn stem
zit.
'Zullen we nog een spelletje doen?'
Pleun knikt.
'Zolang het geen Spookslot of Zombies is.'

We besluiten een potje te dammen.
Daar kun je lang mee zoet zijn.
Ik moet alleen niet te vaak naar Pleun kijken.
Ik schrik toch steeds weer van haar.
Volgens mij schrikt zij ook van mij.
Maar het is voor het goede doel.
Af en toe komt dat liedje weer naar boven:
Mama, mama, ben je daar?
Kon ik mijn oren er maar voor dichtstoppen.
Maar het liedje zit in mijn hoofd.

8. 112 bellen

We hebben al twee potjes gespeeld, als me ineens
iets te binnen schiet.
'We moeten nog één keer terug naar beneden.'
Pleun springt op mijn bed.
Ze maakt zich zo breed als ze maar kan voor de
kast.
'Over mijn lijk!'
'Dat doet me aan die film van net denken.'
Ik lach een eng lachje.
'Pleun, Pleun, ben je daar?'
Maar Pleun is helemaal niet in de stemming voor
grapjes.
'Mijn mobieltje ligt nog beneden,' zeg ik snel, om
het weer goed te maken.
'Stel dat er iets gebeurt, dan kunnen we
tenminste 112 bellen.
We moeten het echt gaan halen.'
'Hè, bah, ik wil niet!' roept Pleun.
De tranen springen haar zowat in haar rode ogen.
'Ik ga wel alleen,' zeg ik.
Niet dat ik zo dapper ben, maar Pleun ziet er zo
zielig uit.
We sjorren het bed en de kast opzij.
Maar ik heb de deur van mijn kamer nog niet
dichtgedaan, of Pleun doet hem alweer open.
'Ik durf niet alleen hier te blijven,' zegt ze.
'Ik ga toch maar mee.'

Samen sluipen we naar beneden.

We zijn op onze hoede.

Alsof er elk moment iets engs op ons af kan springen.

Maar er gebeurt niets.

Het blijft doodstil.

In de woonkamer pak ik snel mijn mobiel.

Als we weer naar boven willen gaan, aarzel ik.

'Zal ik het licht wel of niet uitdoen?'

'We moeten alle lichten aan laten,' zegt Pleun.

'Of juist niet,' bedenk ik.

'In het donker vinden inbrekers de weg niet zo snel.'

'Maar een lichtknopje vind je zo,' zegt Pleun.

'Dat zit altijd naast de deur.'

Dan begint ze te lachen.

Ik wist niet dat haar mond zo breed kon worden.

'We zetten zo gewoon alle stroom uit.

Jij weet toch wel waar de stoppenkast is?'

Ik krab op mijn hoofd.

Is de stroom uitzetten wel slim?

'We moeten dan in elk geval kaarsen mee naar boven nemen,' zeg ik.

'Anders zien wij zelf ook niks.'

Maar dan begin ik opeens te gillen.

'Ssst,' zegt Pleun.

'Je maakt me bang.'

'Was je dat nog niet dan?' vraag ik.

'Maar ik heb ineens een goede ingeving.

Mijn ouders hebben ooit noodrantsoenen gekregen.

Daar zit alles in wat je nodig hebt als er een ramp
is gebeurd.
Dat is net wat voor ons.'

We lopen naar het kantoor van mijn ouders.
Nu we een plan hebben, voelen we ons wat
stoerder.
We hebben de doos al snel gevonden.
Ik kijk erin en Pleun kijkt mee.
Wat er niet in die doos zit!
We vinden een zaklamp, batterijen en een
EHBO-doos.
Verder van alles om te eten en te snoepen. Flessen
water, zeep en tandpasta.
Dan nog wc-papier, een wekker, een aansteker,
een schrijfblok, een pen en heel veel kaarsen.
Ik vis een grote bol touw uit de doos.
'We brengen de doos eerst naar boven,' zeg ik.
'Ik heb nog een plan.
Iets wat we moeten doen voor we de stroom
uitzetten.'

9. Het licht gaat uit

Pleun kijkt me aan met haar spookogen.
'Vertel op!
Wat heb je nu weer voor idee?'
Ik houd de bol touw omhoog.
'Zie je dit?'
'Ja, ik ben niet blind, ook al ben ik een spook.'
Ik vind het jammer dat alleen Pleun getuige is
van mijn slimme zet.
'Hiermee gaan we boeven in de val laten lopen.
We spannen overal draad.
Dat zien ze niet in het donker.
En dus ...'
'... vallen ze op hun neus,' vult Pleun aan.
'En als wij al dat kabaal horen, bellen wij snel
112!'
Ik lach de lach van een overwinnaar.

We gaan snel aan de slag.
Het liefst wil ik buiten ook draden spannen.
Maar Pleun wil dat echt niet.
'Je lijkt wel gek!' moppert ze.
'We gaan niet naar buiten!'
'Ik kan het ook alleen doen,' zeg ik nog.
Maar ik stribbel niet lang tegen.
Zo veel zin heb ik nou ook weer niet om naar
buiten te gaan.
We spannen overal draden.
Niet alleen vlak bij de grond.

Ook op keelhoogte.
We schuiven nog wat met stoelen en tafels.
Wie hier heelhuids uitkomt, is een held.
'We moeten wel goed onthouden waar de draden
lopen,' zegt Pleun.
'Wij moeten straks zelf nog veilig boven zien te
komen.'
Ik ren naar boven om de zaklamp uit de doos te
halen.
'Tadaa,' roep ik.
'Hiermee komen we weer veilig boven.'
'Hebben inbrekers trouwens geen zaklamp?'
vraagt Pleun.
'Nee, joh.
Dat valt aan de buitenkant van een huis veel te
erg op.
Dan zie je meteen dat er iemand op zoek is.
Een boef doet gewoon het licht aan.'
Dat zou ik tenminste doen, denk ik.
Ik zeg maar niet tegen Pleun dat ik het niet zeker
weet.

Dan zijn we klaar met draden spannen.
We wilden nog wel meer doen, maar de bol touw
is op.
De kast met stoppen is in de gang.
Ik weet niet voor welk stuk van het huis elke stop
is.
Daarom zet ik ze maar allemaal uit.
Het zijn er tien.
Bij de vierde stop gaat het licht in de gang uit.

Die zet ik maar even weer aan, tot ik klaar ben.
En dat moment is nu gekomen.
'Ben je er klaar voor?' vraag ik aan Pleun.
Ze knikt ja.
'Daar gaat ie.'
Ik doe het licht uit.
Pleun richt de straal van de zaklamp voor ons uit.
We pakken elkaars hand.
Zo lopen we voetje voor voetje de gang door en
de trap op.
Heel voorzichtig, zodat we niet struikelen over de
draden.
'Mama, mama, ben je daar?' zing ik.
'Hou op,' gilt Pleun.
'Ik ben zo al bang genoeg.'

Eenmaal op mijn kamer steken we eerst een paar
kaarsen aan.
Daarna schuiven we de kast weer voor de deur.
En dan ook nog mijn bed.
Hier komt niemand binnen.
We laten ons op het bed vallen.
Ik kijk naar Pleun en schrik.
'Bah, wat zie jij er eng uit bij kaarslicht.'
'Kijk naar jezelf,' zegt Pleun.
We krijgen ontzettend de slappe lach.
Maar dat is gewoon van de zenuwen.
'We gaan ons echt niet wassen,' zeg ik.
'In het donker in bad gaan, is vragen om
problemen.'
'Nee, niet nog meer problemen!'

Pleun zucht en rolt met haar rode ogen.
'Ik vind het genoeg geweest.
Zullen we gaan slapen?
Des te eerder is het weer ochtend.
Bij daglicht is alles anders.'
Ik blaas de kaarsen uit.
Dat is wel zo veilig.

10. Blijf kalm

Met een schok word ik wakker.
Ik heb iets gehoord.
Dat is zo zeker als één en één twee is.
Ik stoot Pleun aan.
'Psst!
Ik hoor wat.
Er is vast iemand in huis.
Wees stil!'
Samen turen we in het donker.
Ik durf de zaklamp niet aan te doen.
Wie weet, staat er iemand in de tuin op wacht.
En misschien heeft die wel een ladder of ...
'Pleun!
In de tuin ligt een ladder naast de schuur!'
'Nee, hè,' sist Pleun.
'Daar kom je nu mee!'
'Het spijt me,' zeg ik.
Mijn hart bonkt.
Mijn oren staan wijd open.
Ik houd mijn adem in.
Een klap.
Een bons.
Een vloek.
Het komt van beneden.
Ongeveer waar het kantoor van papa en mama is.
Pleun en ik kijken elkaar aan.
Tenminste, ik denk dat we elkaar aankijken.
'Ik bel nu 112,' zeg ik.

Op de tast zoek ik mijn mobieltje.
Ik klap hem open en toets 112.
'Wij zijn twee meisjes van elf.
En we zijn helemaal alleen,' zeg ik hijgend.
'Er zijn boeven in ons huis.
Wij zitten boven gevangen.'
'Waar woon je?' vraagt een stem.
Ik noem ons adres en zeg dat we héél erg bang
zijn.
'Ik denk dat ze ons komen ontvoeren.'
'Blijf kalm,' zegt de stem.
'We zijn er zo, over vijf minuten denk ik.
Zolang houden jullie het wel vol, toch?'
Ik schud nee, maar dat ziet die stem niet.

De tijd gaat heel langzaam.
Trager dan ooit.
Beneden blijft er lawaai klinken.
Dan horen we weer een kreet.
Dan weer een bonk.
Pleun en ik houden elkaar vast.
We knijpen heel hard in elkaars hand.
We houden onze adem in.
Maar dan, eindelijk, horen we het geluid van
motoren.
We staan op, hand in hand, en kijken uit het
raam.
'De politie!'
Pleun fluistert niet meer, maar roept het uit.
'En de brandweer,' gil ik.
'We worden gered!'

11. Komt u maar, dames

Opeens staan er grote lampen op ons huis
gericht.
Ik gooi meteen het raam open en gil:
'Wij zijn hier!
Help ons!'
Een felle lichtstraal verblindt me.
Ik zie niks meer.
Pleun naast me volgens mij ook niet.
Ze heeft haar handen voor haar ogen.
Maar ik wéét nu dat de brandweer ons komt
redden.
Ik knipper met mijn ogen en begin aan het licht
gewend te raken.
En ja, hoor ...
Voor ons staat een man met een helm.
Hij staat boven op een brandweerladder.
'Dag dames,' zegt de man.
'Ik ben Koos.
Ik kom jullie redden.
Geef me maar een hand en stap voorzichtig op de
ladder.'
De brandweerman kijkt eens goed naar ons.
'Jullie zien er wel een beetje eng uit, hoor.'
'Dat is om inbrekers bang te maken,' zeg ik.
De man lacht ons uit.
'Dat heeft dan niet goed geholpen.
Jullie hebben ons toch gebeld, omdat er inbrekers
zijn?'

'Ja, dat klopt,' roepen Pleun en ik tegelijk.
'Hebben jullie ze al te pakken?'
'Dat weet ik niet.
Ik moest eerst jullie redden.
Maar de politie is al naar binnen.
Die inbrekers zijn wel echte beroeps, trouwens.
Ze hebben eerst de stroom uitgezet.'
'Uh,' zeg ik.
'Uh,' zegt Pleun.
We kijken elkaar aan.
'Uhm,' zeg ik aarzelend.
'Dat van die stroom, hè?
Dat hebben wij gedaan.'
'Jullie?'
'Ja, dat leek ons veiliger.'
'Waar zijn jullie ouders eigenlijk?'
'Ze hebben een feest, omdat ze de eerste prijs
gewonnen hebben,' leg ik uit.
De man fronst zijn wenkbrauwen.
'Dan duurt dat feest wel lang.'
'Neehee,' roep ik.
Ik begin mijn geduld te verliezen.
'Ze blijven in een hotel slapen.'
'En laten ze jullie dan zomaar alleen thuis?'
Het lijkt wel alsof die man de Kinderbescherming
erbij wil halen.
Jonge, wat kijkt hij streng.
'Nee,' zeg ik.
'De oppas was het vergeten.
Ik vond het zielig voor papa en mama.
Daarom hebben we niks gezegd.'

De ladder zakt langzaam naar beneden.
Ik zal blij zijn als ik op de grond sta.
Ineens begin ik te bibberen.
Pleun ook.
Van de kou of van de spanning?
We slaan de armen om elkaar heen.
Als we van de ladder afstappen, blijven we zo staan.
Een agent slaat een deken om ons heen en neemt ons mee naar zijn wagen.
'Rustig maar, meiden.
Alles komt goed.
We hebben de daders al te pakken.
Al viel het zo te horen niet mee.
Het schijnt nogal een rommel te zijn in dit huis.
Weten jullie daar iets van?'
'Uh,' zeg ik.
'Uh,' zegt Pleun.
'Kijk,' zegt de agent.
'Daar hebben we de inbrekers al ...'

12. Sorry, sorry

Daar staan ze, in het felle licht van de
koplampen.
De eerste tel kan ik mijn ogen niet geloven.
De tweede tel gooi ik de deken van me af.
Ik roep dolblij: 'Papa, mama!'
En bij de derde tel dringt de waarheid tot me
door.
Wat moeten de agenten en de brandweer wel niet
denken?
En ze nemen papa en mama toch niet echt
gevangen?
Ik ren de wagen uit.
'Sorry, sorry.
Dit zijn geen boeven.
Dit zijn mijn vader en moeder.'

Mama sluit me in haar armen.
Ze ruikt nog steeds naar parfum.
'Jullie waren toch in een hotel!' roep ik.
'De kamer was niet fris en erg klein,' zegt mama.
'Ik wilde toch liever terug naar huis.
Deze ontvangst had ik alleen niet verwacht.
Wat is hier gebeurd?'
'Jullie hadden toch oppas?' vraagt papa.
'Waar is Agnes gebleven?'
'Die is helemaal niet gekomen,' zeg ik.
'Ik wilde jullie feestje niet bederven.
Daarom zei ik niks aan de telefoon.

En bovendien wilden wij zelf ook weleens een feestje.'

'En is jullie feestje geslaagd?' vraagt Koos.

De brandweerman is erbij komen staan en Pleun ook.

Pleun en ik kijken elkaar aan.

Ik voel me best wel weer stoer.

'Ja, dit was het beste griezelfeest van ons leven!'

Lees deze Zoeklicht-boeken ook:

Het geheim van de Dode Vallei
Stijn en Bas zijn op vakantie in Afrika.
Aan de kust in Walvisbaai.
Het is er warm en ze nemen een duik in zee.
Daar vinden ze de helft van een oud scheepswrak.
Er staat een naam op: 'Kan Nie Sinke'.
Waarom is dit schip dan tóch ooit gezonken?
En waar is de andere helft?
Stijn en Bas gaan op onderzoek uit.
Een verhaal over een spin leidt hen naar
de Dode Vallei …

Wedden dat ik het kan!

Brenda wil later advies geven.
Zodat mensen er leuk uitzien.
'Ik pimp ze, zoals op teevee.
Wedden dat ik daar goed in ben!'
'O ja?' roepen Loe en Roos.
'Pimp dan iemand die er niet uitziet!'
'Geen probleem,' zegt Brenda.
'Ik begin met eh ... meester Ted!'

De Pretbode
Demi en Juul hebben een idee.
'We gaan op zoek naar goed nieuws!'
Ze maken hun eigen krant, De Pretbode.
Maar dan gaat het mis.
Paard Peer moet weg van De Beestenboel.
En Demi en Juul krijgen ruzie.
Dat is wel erg veel slecht nieuws.
Hoe krijgen ze dit ooit weer goed?

Heksenclub

Joni en Paulien zijn baas van de Heksenclub.
Daar hoor je pas bij als je iemand pest.
Veel meiden willen er graag bij.
Luca niet.
Ze houdt er niet van om anderen te pesten.
Op een dag is ze zelf slachtoffer van de club.
De volgende dag gebeuren er rare dingen
op school ...